De Effies

Vier tegen vier

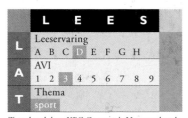

L	E	E	S
L	Leeservaring A B C **D** E F G H		
A	AVI 1 2 **3** 4 5 6 7 8 9		
T	Thema sport		

Toegekend door KPC Groep te 's-Hertogenbosch.

Derde druk, 2006

ISBN-10: 90 269 9831 7

ISBN-13: 978 90 269 9831 7

NUR 287

© 2004 Uitgeverij Van Holkema & Warendorf,
Unieboek BV, Postbus 97, 3990 DB Houten
www.unieboek.nl
www.viviandenhollander.nl
Tekst: Vivian den Hollander
Tekeningen: Saskia Halfmouw
Vormgeving: Petra Gerritsen

Vivian den Hollander

De Effies

Vier tegen vier

Met illustraties van

Saskia Halfmouw

Van Holkema & Warendorf

Bas loopt naar de schuur.
Daar staan zijn schoenen.
De snelste die er zijn.
Hij pakt ze van de plank.
Oei, wat zijn ze vuil!
Zo kan hij geen doelpunt maken.
En dat moet straks wel.

4

Vlug zoekt Bas een doek.
Als zijn schoenen schoon zijn,
stopt hij ze in zijn tas.
Zijn kleren zitten er al in.
'Dag mam,' roept hij dan.
'Ik ga, hoor.'

Bas speelt bij de Effies.
Bij de Effies van R.V.C.
Vandaag is er een toernooi.
Bas heeft er zin in.
Ze spelen vier tegen vier.
Bij de kantine wacht Kees hem op.
Hij is de leider van F3.
'Ha, die Bas!' zegt hij.
'Jij bent vroeg vandaag.'
Bas knikt.
'Maar... beter te vroeg dan te laat.'

Kees lacht.
'Dat is waar.
Wil je de
kleedkamer al in?'
Bas schudt zijn
hoofd.
'Ik wacht op Kim.
Dat heb ik beloofd.'
'Goed,' zegt Kees.
'Ik zie je straks.'
Hij gaat koffie drinken.
Bas zet zijn tas neer en loopt naar
het veld.
Daar speelt de E nog een wedstrijd.
Ze staan voor met vier-twee.
De broer van Kim doet ook mee.
Bas denkt:
Wat zijn die jongens snel!

En wat spelen ze goed.
'Bassie!' hoort hij dan.
Verderop staat Jos.
Hij staat vaak langs de lijn.
Hij is groot.
En hij schreeuwt altijd.

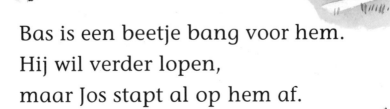

Bas is een beetje bang voor hem.
Hij wil verder lopen,
maar Jos stapt al op hem af.

'Hee uk,' plaagt hij.
'Waar is je mammie?
Mag je wel alleen naar het veld?'
Bas geeft geen antwoord.
Wat doet die Jos flauw.
Hij is blij als Kim eraan komt.
Jordi, Frank en Rik ziet hij ook.
Snel gaat hij naar ze toe.
'Hoi Bas!' roept Kim.
'Ga je mee naar de
kleedkamer?

F1 en F2 zijn er ook al.'
Bas knikt.
Hij wil zijn tas
pakken.
Verbaasd kijkt
hij rond.
Waar is zijn tas?
Die stond toch bij
de kantine?
Hij ziet wel
andere tassen.
Niet die van hem.
Wacht, denkt Bas.
Ik vergis me.
Mijn tas staat zeker bij het
veld.
Hij zoekt en zoekt…
De tas blijft weg.

'Hee uk.'
Daar is Jos weer.
Hij pakt een
bal uit de
struiken.
'Wat kijk je sip,
krielkip.
Is er wat?'
Bas geeft geen antwoord.
Hij kijkt wel uit.
Maar als Jos wegloopt,
snapt hij het opeens.
Jos heeft zijn tas verstopt.
Hij weet het zeker.
Echt iets voor hem.
Snel holt Bas naar de struiken.
Maar waar hij ook zoekt,
hij vindt zijn tas niet.

Droevig gaat Bas naar de
kleedkamer.
Daar zitten de Effies al klaar.
Ze kijken hem verbaasd aan.
Frank is zelfs boos.

'Waar blijf je nou, Bas?
We wachten op je!'
En Kees zegt:
'Eerst was je zo vroeg.

11

En nu zo laat.
Heb je geen zin meer in het
toernooi?'
'Tuurlijk wel.'
Bas voelt tranen in zijn ogen.
'Maar ik... ik ben mijn tas kwijt.'
'Kwijt?' zegt Kees.
'Dat is vreemd.
Heb je wel goed gezocht?'
Bas knikt.

'Die tas is echt nergens.'
Kees krabt op zijn hoofd.
'Tsjaa…
Wat doen we nu?
Zonder schoenen kun je niet
meedoen.
En kleren heb je ook niet.'
Nu kijkt Bas echt sip.
Maar Kim komt hem te hulp.
'Wacht,' roept ze.
'Ik heb een idee.'
Ze holt de kleedkamer uit.
Als ze terug komt,
heeft ze een tas bij zich.
'Hier, Bas.
Dit zijn de spullen van mijn broer.
Hij is net klaar met spelen.
Trek ze maar vlug aan.'

Even later staat Bas op het veld.
De ballen liggen er al.
En de doeltjes staan klaar.
Het toernooi kan beginnen.
'Zijn jullie er klaar voor?' vraagt
Kees.
'Ja!' roepen alle Effies.
'Ja!' roept Bas ook.
Toch voelt hij zich niet fijn.
Hij heeft nu wel kleren,
maar die zijn véél te groot.
En de schoenen...
Die zitten echt voor geen meter!
Zo maakt hij nooit een doelpunt.
Wat een pech.
Kim lacht als ze hem ziet.
'Jij ziet er grappig uit.
Past alles een beetje?'

Bas knikt.
Hij wil vooral niet zeuren.
Kim deed zo haar best.
Intussen deelt Kees de groepen in.
Bas komt bij Kim.
Samen met twee jongens uit F2.

Ze moeten een geel hesje aan.
Daarna vraagt Kees:
'Hoe heet jullie ploeg?'
Kim denkt na.
Dan roept ze:
'Wij zijn de Gele Panters!'

Kees lacht.
'Dat is een mooie naam.'
'En wij zijn de Rode Stieren,'
roepen een paar anderen.

16

Kees knikt.
'Let op, Rode Stieren.
Jullie moeten eerst tegen de Gele
Panters.
We spelen steeds vier tegen vier.
Wie wint, krijgt drie punten.

Gelijk spel is twee punten.
En voor verlies krijg je niks.
Gesnapt?'
De Rode Stieren knikken.

En Nick uit F1 roept:
'Ik ga ervoor!'
Hij pakt een bal van de grond.
Die kopt hij hoog de lucht in.

Even later snerpt een fluitje.
De wedstrijd begint.
Kim krijgt al gauw de bal.

Ze gaat vol in de aanval.

Maar Nick zit haar dwars.

'Let op, Bas!' gilt Kim.

Ze schiet de bal over.

Bas sprint ermee weg.

De bal kleeft aan zijn voet.

Hij rent... en rent...

Hij denkt niet meer aan zijn
kleren.

Hij wil alleen scoren.

Zal het hem lukken?

Vlak voor het doel krijgt hij een
kans.

Hij haalt uit...

Dan struikelt hij.

Over de neus van de grote schoen.

Boem, daar ligt Bas.

Languit in het gras.

'Sjips,' mompelt hij.

'Dit is balen!'

Intussen holt Nick weg met de bal.

Al gauw maakt hij een doelpunt.

De eerste wedstrijd eindigt gelijk.

Bas is opgelucht.

Nu krijgt zijn ploeg twee punten.

Dan moeten ze tegen de Zwarte
Beren.

Die hebben veel praatjes.

Toch spelen ze niet sterk.

De ploeg van Bas wint.

Dat komt vooral door Kim.

Zij is erg goed in vorm.

Ze pakt kans na kans.

Bas niet.

De ene keer zakt zijn kous af.

Dan weer zijn broek.
Of zijn veter gaat los.
Hij schrikt als Jos eraan komt.
Wat komt die pestkop doen?
Bas doet alsof hij hem niet ziet.
Maar Jos ziet hem wel.
Hij lacht en roept:
'Hee uk!

Wat zie jij eruit, man!
Heb je een jurk van je mammie aan?'

Bas antwoordt niet.
Boos trapt hij tegen de bal.
Zo hard
dat die het doel in vliegt.

'Die zit!' juicht
Kim blij.
'Mooi doelpunt!'

Na drie keer
spelen is het rust.
Moe zit Bas in het gras.
Hij veegt het zweet van zijn hoofd.
Pfff...
Wat speelde hij slecht.
Zo slecht speelde hij nog nooit!
Kim komt naast hem zitten.
Ze heeft twee pakjes sap gehaald.
'Gaat het?'
Bas schudt zijn hoofd.
'Ik kan geen tempo maken.
Dat komt door die schoenen.
Die zijn zo groot!

Ik tel echt niet mee.
Dit spel lijkt meer
op drie tegen vier.
Had ik mijn...'
Daar komt Jos
aan, samen met
een meisje.
'Hee uk,' roept hij.
'Raad eens wat ik heb?'
Hij laat een rode sporttas zien.
Net zo'n tas als Bas heeft.
'Is deze soms van jou?'
Bas springt op.
Hij trekt de tas naar zich toe.
Snel maakt hij die open.
Er zitten kleren in.
En... zijn eigen snelle
schoenen.

24

'Ja,' roept hij dan.
'Dit is mijn tas.
Ik wist wel dat jij hem had!'
Boos balt hij zijn vuisten.
Het liefst wil hij Jos een stomp
geven.
Meestal durft hij zoiets niet.
Maar nu is hij zo kwaad!

'Ho ho,' zegt het meisje.
'Wacht even.
Jos heeft jouw tas niet zoek
gemaakt.
Ik heb dat gedaan.'
'Jij?'

Bas begrijpt er niks van.
Het meisje knikt.

'Ik kwam mijn neefje ophalen.
Die voetbalt bij de E.
Bij de kantine pakte ik zijn tas.
Dat het de verkeerde tas was,
merkte ik pas thuis.
Ik ging snel terug naar het veld.
Daar zag ik Jos.
Hij bracht me meteen naar jou.'
Bas krijgt een kleur.
Oei, wat vergiste hij zich.
Verlegen kijkt hij Jos aan.
'D-dank je wel,' stamelt hij.
Dan pakt hij de tas op
en rent naar de kleedkamer.

Als hij weer op het veld is,
maakt Kees net de stand bekend.
'Luister Effies,' zegt hij.

'Alle punten zijn geteld.
De Rode Stieren hebben er acht.
En... de Gele Panters ook.
Zij moeten nu dus tegen elkaar.
Zo krijgen we een winnaar.'
Nick uit F1 springt al op.
'Kom op, jongens,' roept hij.
'Wij maken die Panters in.
Dat lukt ons makkelijk.'
Zijn vrienden knikken.
Stoer staan ze klaar op het veld.
Maar daar komen de Gele Panters.

Ze hebben er zin in.
Vooral Bas.
Hij voelt zich super.
Zijn kleren passen goed.
Maar vooral zijn schoenen.
Die zitten zo lekker strak.
Hij vliegt ermee over het veld.
'Hier die bal,' gilt hij vaak.
Jos moedigt hem aan.
'Goed zo, Bassie.
Geef die bal een knal!'
En dat doet Bas.

Hij laat zien wat hij kan.
De ene keer verdedigt hij.
Dan weer valt hij aan.
Hij is overal op het veld.
De Rode Stieren krijgen geen
enkele kans.
Als Kees fluit, is het vier-nul.
'Yes!' gilt Kim.
'Het is gelukt.

We zijn winnaar.'
Ze valt Bas om zijn nek.
De andere Effies klappen.
En Jos roept:
'Hee uk, wat speelde je goed.
Het leek wel één tegen vier.'
Bas glimlacht en denkt:
die Jos is best aardig.
Dan komt Kees eraan.
Hij geeft alle spelers een vaantje.
'Verdiend,' zegt hij.
'Het was een leuk toernooi.'
'Ja,' zegt Bas.
'Dat was het zeker.
Vooral toen ik mijn
tas weer had.
Met mijn eigen
schoenen.'

Dit zijn de boeken over De Effies.
Lees ze allemaal!

In de aanval
ISBN 90 269 9757 4
AVI 2

Kop of munt
ISBN 90 269 9830 9
AVI 2

Twee keer raak
ISBN 90 269 9758 2
AVI 3

Vier tegen vier
ISBN 90 269 9831 7
AVI 3

**Een super
doelpunt**
ISBN 90 269 9882 1
AVI 4

**De held van
het veld**
ISBN 90 269 9884 8
AVI 4

www.viviandenhollander.nl